AF263867

" NI DIEU, NI MAITRE "

Jeunesse Blanquiste

DE PARIS

adhérente au Comité Central Socialiste Révolutionnaire

et au Parti Républicain, Socialiste Français

Crapules et Compagnie

(Jaurés et la Petite République)

(Recueils de documents)

Préface par Ernest ROCHE, député

PRIX : 0,fr10

A mes amis de la Jeunesse Blanquiste

Mes amis,

Vous me demandez une préface à votre brochure. Point n'est besoin. Elle se recommande d'elle même.

Votre entreprise d'arracher les masques aux pires ennemis du prolétariat est audacieuse et salutaire.

A la jactance des marchands de paroles vous opposez des faits précis, irréfutables. Imbécile ou aveugle celui qui après cette démonstration ne se rangerait pas sous la bannière de " **Ni Dieu, ni Maître** " qui n'abrita jamais que des révolutionnaires dont la conscience et les mains demeurèrent pures de toute souillure.

Les Jaurés et ceux qui le suivent furent toute leur vie des réactionnaires encroutés. Leur conduite privée et leurs actes publics les dénoncent comme tels. Et tout à coup ces gens là deviendraient les guides du grand parti socialiste qui compte dans ses rangs des victimes, des vétérans et des martyrs ?

Une volte face habile, faite en temps opportun aurait suffi à ce phénomène !

S'y laisse prendre qui voudra.

Nous crions, nous, halte-là ! aux menteurs effrontés, que la juiverie capitaliste a pris à sa solde comme des mercenaires.

Et nous disons aux socialistes et aux travailleurs: «Choisissez entre ceux qui se dévouèrent pour vous, sans vous trahir jamais, et ceux qui ne se dévouèrent jamais et vous trahirent toujours.

Ernest ROCHE
député socialiste du XVIIe. arrond.

DEUX MOTS

En quelques pages, appuyées par des documents indiscutables, dont la plupart ont déja parus, mais qui sont inconnus du public et même des militants de la politique, nous avons cherché à lever un coin du voile qui cache les immondices des socialistes marque Jaurès.

La lutte entreprise, moyennant finances, par les gens de la « Petite République » contre les socialistes révolutionnaires Français, n'aura servi qu'à démasquer « *cette bande à Fifi* » et à montrer au peuple de quel côté se trouvent ses défenseurs et ses amis.

Les échappé des jésuitières, ramassés dans les synagogues ou sur le glacis des fortifs, au hasard de la pièce de cent sous; les habitués des lupanars ou de la Tour pointue, toute cette meute dégoutante lancée à notre poursuite par les adorateurs du louis d'or, a complètement ouvert les yeux aux honnêtes gens.

Monsieur Jaurès peut être fier de son œuvre. Il a dépassé Loyola, pour le jésuitisme, et il a transformé en cour des miracles une partie du socialisme. Il est devenu le Clopin Trouille-fou du lieu, le dieu pour qui l'argent n'a pas de secret et surtout pas d'odeur. Mais patience, les beaux jours ont fleuris et les mains calleuses des travailleurs commencent à se crisper, ce qui n'indique rien de bon pour ceux qui les ont trompés.

Monsieur Jaurès a beau s'agiter; il peut se remuer, se démener; rien n'y fera. Il est marqué pour le châtiment et il n'y échappera pas. Il aura passé devant nos yeux comme un cauchemar épouvantable qui s'effacera de notre mémoire avec le temps comme s'effacera la tache affreuse que porte le socialisme qui fut accouplé par ces gens à la bande des manieurs d'argent leurs congénères.

Auguste **BIGOT**

Secrétaire général de la Jeunesse Blanquiste

La famille de Monsieur JAURÈS ou l'assiette au beurre

Monsieur BOIS (décédé dernièrement et enterré à l'église) beau père de M. Jaurès était sous-préfet de Nontron.

Monsieur GISCLARD, oncle de M. Jaurès, est juge de paix du canton de Villefranche (Tarn).

Monsieur ESQUILAT, 2me oncle de M. Jaurès, est sous inspecteur de l'enrégistrement à Albi. Un cousin de M. Jaurès est percepteur dans le Tarn, pendant *qu'un autre* est employé des contributions directes.

Un cousin de M. GISCLARD, nommé NEGRE, est percepteur à Algans Tarn

Tous ces parents doivent leur situation à l'ancien député de Carmaux, et tiennent à l'heure actuelle leur emploi grassement rétribué, à moins que des influences quelconques ne leur ait procuré de l'avancement.

LE JESUITE JAURES

ses principaux votes lorsqu'il siégeait, comme député, au centre gauche

CRÉDITS DU TONKIN

Repoussés par toute l'opposition. et votés le *21 Décembre 1883 par 271 voix contre 270*. Cette majorité de 4 voix, réduite à une voix seulement par suite des rectifications, n'a été obtenue que grâce à l'absence de six députés de Paris, qui n'ont été élus que quatre jours après, le 28 Décembre.

M. Jaurès a voté « pour », avec l'évêque Freppel.

GREVE DE DECAZEVILLE

Interpellation Basly — Camélinat. Proposition Tony Révillon demandant la révision de la loi de 1810 sur les mines " dans un sens conforme aux droits de l'Etat et aux intérêts des travailleurs ".

M. Jaurès vote contre (Séance du 11 février 1886, Officiel, page 206.

Séance du 10 Avril 1886, officiel page 746.

Mesures repressives, Arrestations d'Ernest Roche et de Duc Quercy. Interpellation de M. Maillard sur l'illégalité de ces deux arrestations.

L'ordre du jour Proal et Letellier approuvant la conduite du gouvernement est adopté par 419 voix contre 64.

Inutile de dire que M. Jaurès a voté pour le gouvernement contre les travailleurs en grève de Decazeville, que les citoyens Ernest Roche et Duc Quercy étaient allés défendre.

Séance du 29 Mai 1886, Officiel page 961

Interpellation de MM. Michelin et Planteau sur les causes de la continuation de la grève. — Le gouvernement demande le vote de l'ordre du jour pur et simple, lequel est naturellement adopté par 359 voix contre 159.

Jaurès vote pour le gouvernement

LE TRONE — EXPULSION des PRINCES

Proposition de M. Duché (Loire) tendant à l'expulsion par voie d'abrogation de la loi du 8 juin 1871 et du décret du 11 Octobre 1848, repoussée par 33 voix contre 193.

M. Jaurès a voté contre l'expulsion des princes
Séance du 4 Mars 1886, Officiel page 403

LE SUFFRAGE UNIVERSEL

Le 27 Juin 1887, M. Labordère déposait sur le bureau de la Chambre une proposition de loi tendant à la nomination des sénateurs par le suffrage universel.

309 voix réactionnaires contre 109 républicaines repoussent l'urgence.

M. Jaurès faisait partie des 309.

LE GOUPILLON

L'Eglise paroissiale Saint-Jérome, à Toulouse, possède dans ses archives (Régistre des actes de baptèmes) un document daté du 14 Juin 1898 ou il est dit : L'an mil huit cent quatre vingt-dix et le deux du mois de Mars a été baptisé, par nous soussigné Pradal, Curé; Eugénie, Marie-Madeleine Jaurès, née le 19 Septembre 1889 à Paris, fille de M. Jean Jaurés, député du Tarn et de Dame Marie Louise Antoinette Bois, domiciliés Place Saint-Pantaléon, 20, mariés canoniquement, habitants de cette paroisse. Parrain : Jean-Eugène Bois, sous préfet de Prades, diocèse de Perpignan.

Marraine : Dame Marie Adelaïde Jaurès, née Barbaju, de la paroisse Sainte Exupère;

qui ont signé: PRADAL, curé ; Jean JAURÈS, père de l'enfant Marie Bois, Eugène Bois, Adélaïde Jaurès.

A l'enterrement de son beau père, M. Bois, le libre penseur Jaurès fut accusé d'avoir baisé le christ.

A ce sujet, voici une lettre adressée par un témoin oculaire et que nous reproduisons textuellement :

L'UNION NONTRONNAISE
JOURNAL POLITIQUE

Nontron 14 Janvier 1900

Monsieur,

Vous me demandez, si aux obsèques de son beau-père, M. Bois, alors sous préfet de Nontron, Monsieur **Jaurès est allé à l'offrande**; je réponds : **oui** parceque ceci est de notoriété publique, parce que plusieurs centaines de personnes ont été témoins du fait ; et je puis ajouter que, m'y étant rendu moi même, selon ma coutume et mes convictions, **je me suis trouvé agenouillé auprès de lui et je l'ai vu déposer son offrande dans le plateau du sacristain et pieusement baiser le christ.** Loin de lui en faire un reproche, j'en ai été très édifié et me suis mis à penser que, malgré les hérésies apparentes imposées par cette coquine de politique, la « **vieille chanson** » murmurait encore au fond du cœur de M. Jaurès; cette impression s'est encore fortifiée en moi, sur le quai de la gare, au moment où l'honorable et digne archiprêtre de Nontron, M. le chanoine Lassudrix, disait les dernières prières. A ce moment, la tenue de M. Jaurès a été réellement chrétienne par le signe de croix que je lui ai vu faire.

Bien à vous, Louis REJOU

Dans la « **PETITE REPUBLIQUE** » du 14 Juin 1898, M. Jaurès (**marié canoniquement**) écrivait les lignes suivantes :

« Ma mère et ma femme sont chrétiennes et pratiquantes. Je n'ai pas le droit, je n'ai jamais eu la pensée de gêner leur liberté ou de contraindre leurs sentiments.

Dans notre société si tristement discordante et si tourmentée, combien il est de familles qui ne peuvent affirmer devant l'enfant une même foi. Là où il n'y a pas unité de croyance, l'éducation de l'enfant est un problème singulièrement délicat. Diversité de convictions, égalité des droits : tout système absolu et net devient impossible. Dans ce cas, l'essentiel pour nous (et j'y ai toujours veillé) c'est que nos enfants ne soient pas confiés un seul instant à l'enseignement congréganiste. Ainsi ils ne risquent pas d'être déformés par une pression systématique et continue dans le sens du dogme. Ils ne contractent pas le fanatisme de l'esprit; et, quand ils ont grandi, ils peuvent choisir leur route et diriger leur vie selon les lumières de leur raison »

Voilà le charabia. Voilà ce que le pape du socialisme dreyfusard sert aux âmes simples qui le lisent. Ses belles phrases ne peuvent parvenir à toucher la chrétienneté de sa mère et de sa femme. Mieux que cela, il fait verser sur le crâne de son enfant, les eaux du baptême et il ose écrire que « *l'essentiel pour lui, c'est que les enfants ne soient pas confiés à l'enseignement congréganiste.* »

Il pratique avec acharnement la religion catholique, tout en tendant une main largement ouverte aux juifs. Et avec des trémolos dans la voix et des pleurs dans les yeux, il proclame qu'il est libre penseur et que les curés n'ont pas de plus dangereux adversaire.

Jésuite !

LA VALETAILLE

Après le maître, les valets. Après avoir arraché le masque au premier, levons le manteau qui cache les saletés des seconds. Il y a trop longtemps que ces fripouilles se servent du socialisme et de la révolution pour commettre leurs chantages.

C'en est assez. Il ne sera pas dit que si les gendarmes laissent se promener tranquillement tout ce gibier de potence, tous ces clients de correctionnelle, la justice populaire, la vraie, celle dont la conscience n'est pas faussée ou vendue, n'accomplira pas son œuvre d'assainissement en rejetant au cloaque les tripoteurs ou les voleurs, les menteurs ou les fourbes. En attendant que l'heure de la justice sonne, découvrons une partie des méfaits de toute cette bande, qui couvre sa marchandise ministérielle et frelatée sous le nom de " PETITE REPUBLIQUE SOCIALISTE ".

Pour donner l'état d'âme du principal lieutenant de Jaurès, rappelons brièvement les paroles prononcées par lui à un

meeting tenu en Septembre 1898 Salle de l'Alcazar d'Italie, Avenue de Choisy :

« Nous les avons vus à l'œuvre en 1870. Ils ont commis fautes sur fautes. Il y en avait qui ne savaient pas on était le corps auquel ils appartenaient et ne connaissaient même pas la topographie de leur propre pays.

«Ainsi un jour, nous fûmes arrêtés, ma mère et moi, par un officier français qui nous demanda son chemin pour retrouver son régiment.

" Nous l'avons envoyé aux prussiens "

Et après s'être vanté de cette ignominie, le sieur GERAULT RICHARD s'écriait dans son jargon de Boulevards extérieurs : « Ce qu'il a du faire une SALE GUEULE ».

Les lignes qui vont suivre ont paru, sous la signature du citoyen Lacoste dans un journal intitulé, l'*Anti-juif*. Nous les publions sans commentaires. Les honnêtes gens jugeront.

HONNEUR & PROBITÉ

Les rédacteurs de la " PETITE REPUBLIQUE " ont constamment au bout de la plume les mots d'honneur et de probité.

La " PETITE REPUBLIQUE " n'est pas devenue un des organes des plus violents du Dreyfusisme, du jour au lendemain sans de bonnes et palpables raisons, ainsi que l'on pourrait le croire.

Nous allons le démontrer.

Jaurès, dépossédé de son siège de député et dévoré par l'ambition politique désirait avoir un journal qui le mit à la tête de son parti et qui, dans ce milieu lui maintint toute son influence. D'un seul côté il pouvait trouver l'argent nécessaire : c'était chez les Dreyfusards. Il se résolut donc à frapper un grand coup et à écrire " Les preuves ". La vérité est que les articles de Jaurès en main, M. Maurice Dejean, directeur administrateur de la Petite République, qui, ainsi que Gérault Richard, voulaient bien devenir Dreyfusards, mais à condition que ça rapportât, était entré en pourparlers avec l'un des distributeurs du Syndicat, qui, pendant quelque temps, avait rempli à la Petite République les fonctions d'administrateur.

M. Dejean, qui se flatte et à juste titre, d'être un malin, parvint, après plusieurs jours de pourparlers, à extraire de la poche de ce juif, la forte somme.

La somme était si forte, que le jour même ou paraissait le deuxième article de Jaurès, M. Dejean se présentait chez MM. Heymann et Geismar, marchands de papiers et leur offrait de régler amiablement le compte de la " PETITE REPUBLIQUE ", compte qui était à ce moment l'objet d'un procès pendant devant le tribunal de Commerce; le dit compte s'élevait à quatre-vingts mille francs. MM. Heymann et Geismar, qui sont de bons juifs, préférant s'en rapporter à la décision du Tribunal de commerce.

L'administrateur de la « PETITE RÉPUBLIQUE » connaissant le pouvoir de l'argent sur les juifs, espérant sans doute les faire fléchir, sortit de sa poche une énorme liasse de billets de banque et leur dit : « Voici cent mille francs, j'en ai encore deux ou trois fois autant ; vous voyez que je peux vous régler et aussi soutenir les frais du procès si vous n'acceptez pas les arrangements que je vous offre.

Le fait que je viens de raconter ne peut être nié, car je le tiens de la bouche même de M. Geismar.

Cent mille francs ne se trouvent pas ainsi. Le syndicat était passé par là et la « PETITE RÉPUBLIQUE » était définitivement acquise moyennant une grosse somme, à la cause du Traître de l'île du Diable.

. . . .

Tout le monde se rappelle la grève de Carmaux, et la souscription qui fut ouverte par la « PETITE RÉPUBLIQUE ».

Les comptes de cette souscription furent rendus d'une façon plutôt bizarre. Mais enfin ils furent rendus. Cependant, une somme de plusieurs mille francs restait en litige, elle était impossible à retrouver. M. Millerand, alors rédacteur en chef, ouvrit une enquête et les billets de mille furent r trouvés sous forme de bons signés par quelques uns des gros bonnets de la maison. Mais de l'argent, il ne restait pas un sou, et il fallait rendre cette somme, que le Syndicat de la grève réclamait à cor et à cris.

Il menaçait de se fâcher. La situation devenait intolérable, Millerand menaçait de donner sa démission. La « PETITE RÉPUBLIQUE » était alors dans une situation moins brillante qu'aujourd'hui, le Syndicat de Trahison n'existant pas encore. Il fallait coute que coute trouver de l'argent.

L'un des empocheurs eut une idée géniale. Il connaissait un jeune avocat arriviste forcené, décidé à accepter n'importe qu'elle étiquette politique pourvu qu'elle lui rapporta un siège à la Chambre. Ajoutez à cela qu'il était millionnaire. C'était la grosse à refaire. On lui offrit une place parmi les conférenciers et les leaders du journal, jusqu'à ce qu'on lui eût trouvé un siège ; il accepta, versa l'argent, et la Petite République fut sauvée encore une fois d'un mauvais pas.

A quelque temps de là, M. Le Foulon, député de Neuilly, mourut. M. Sautumier, c'est de lui dont il s'agit, se présenta comme socialiste, avec l'appui de Millerand, qui paya sa dette de reconnaissande, et fut élu.

Ce malheureux Sautumier, mort depuis dans les circonstances qu'on n'a pas oubliées, parait avoir été voué aux embûches louches des politiciens devenus des Dreyfusards de marque Je me rappelle que, quelque temps avant sa mort, il me racontait avec des mots amers, une histoire d'achat de la Justice, dans laquelle Clémenceau l'aurait roulé d'une quinzaine de mille francs avec une maestria qui effrayait fort ce brave garçon, qui était « un honnête garçon ».

On connait les vilenies, les infamies qu'ont commises les Gérault-Richard, les Sembat, les Rouanet, etc.

A l'un, on pourrait reprocher d'avoir vécu aux crochets d'une entremetteuse des environs de la rue Montmartre, chez laquelle il amenait des clients à prix réduits, avec — bien entendu — une petite commission pour lui.

A un autre on pourrait rappeler l'histoire si malpropre de son mariage. Celui-là avait un ami marié et riche. La femme était charmante, la dot plus que respectable. Notre homme vécut dans l'intimité du ménage, voyagea avec lui, et à ses frais, à travers l'Italie, et finit par brouiller les deux époux. Un divorce s'en suivit, et notre Socialiste épousa la femme… et la forte dot, cela va de soit.

Combien d'autres vilaines histoires possède à son actif M. Sembat. Il faut entendre parler de lui par les Guesdistes qui pendant un moment, parvinrent à lui arracher la *Petite République*. On parla beaucoup alors de plaintes à déposer au Parquet, pour aider à éclaircir la gestion financière de M. Sembat. Cette fois encore, M. Millerand, avec son habituelle habileté, intervint et empêcha le scandale d'éclater.

À M. Rouanet, on pourrait rappeler l'histoire d'une de ses interpellations qui touchait un peu au Crédit Foncier et dans laquelle intervint un autre Dreyfusard d'aujourd'hui, M. Servanine, directeur du *Paris*, qui était à cette époque, administrateur de la *Petite République*.

Et que de choses encore on pourrait lui rappeler, sans oublier l'affaire des omnibus.

Un Chantage de Gérault-Richard — L'histoire d'une croix et d'un chef de cabinet — Pour vingt mille francs — Les bedites affaires.

Il y a quatre ou cinq ans environ, sur la demande de M. Intering-Servanine qui était alors administrateur de la *Petite Dreyfusarde*, M. Charton De Meur, un jeune avocat ambitieux, mit vingt mille francs dans ce journal.

Les années passèrent, les administrateurs se succédèrent, et M. Charton De Meur, qui avait fait son chemin, était devenu chef du cabinet de M. Méline, président du conseil, lorsque, il y a dix huit mois, il s'avisa tout à coup de faire réclamer cet argent à la *Petite Dreyfusarde* par l'intermédiaire de l'un de ses amis, M. Delanoue.

M. Charton De Meur était un naïf s'il se figurait qu'on allait ainsi lui rendre son argent.

Gérault-Richard venait d'être nommé rédacteur en chef, et Dejean, directeur administrateur. Il n'avait pas encore traité avec le Syndicat de Trahison, et l'argent était rare dans leur caisse.

Si M. Charton De Meur maintenait sa prétention de se faire rembourser, c'était la faillite. Il fallait donc aviser et trouver rapidement une solution pour sortir de cette impasse dangereuse.

M. De Meur, devenu, ainsi que je l'ai dit, chef de cabinet de M. Méline, était sur le point d'avoir la croix de la Légion d'honneur. Gérault-Richard eut vent de cette nouvelle ; sa résolution fut aussitôt prise. Accompagné de Dejean, il se rendit au ministère de l'agriculture ou il vit M. De Meur, auquel il tint le langage suivant, scrupuleusement exact :

« Monsieur, vous nous réclamez vingt mille francs que vous doit notre journal. C'est votre droit absolu. Laissez-moi vous dire que si vous maintenez votre demande, c'est pour nous la faillite.

« Mais avant de sauter, nous raconterons que M. Charton De Meur, chef du cabinet du Président du Conseil, est depuis plusieurs années, actionnaire du journal socialiste révolutionnaire *La Petite République* qui tous les jours, traine dans la boue M. Méline, ses amis et sa politique.

« J'ai de bonnes raisons de croire que M. Méline verra ces révélations d'un œil quelque peu ennuyé. Vous savez qu'il n'aime guère que ceux qui l'entourent aient des histoires désagréables qui peuvent, par ricochet l'atteindre

« Et c'est, en tout cas, votre situation présente fort compromise, et la croix que vous devez avoir le 14 Juillet, vous échappe surement, et, de tout cela, votre avenir se ressentira. Choisissez donc, monsieur, entre ce remboursement ou la croix.

Ceci dit, nous obligez-vous toujours à vous rendre ces vingt mille francs? »

M. De Meur est ambitieux ; d'un rapide coup d'œil il envisagea la situation. Sans doute c'était le chantage dans toute sa splendeur. S'il laissait faire les maîtres chanteurs, qu'arriverait-il ? Peut-être, en effet, était-ce sa situation perdue.

Comme M. De Meur est très-riche, il préféra perdre ses vingt mille francs. M. Méline ne pouvait que lui être reconnaissant d'étouffer cette désagréable affaire... et Gérault-Richard et Dejean quittèrent le ministère de l'agriculture avec la promesse formelle que M. De Meur abandonnerait toute réclamation.

Le jour même, en effet, il priait son ami M. Delanoie, de cesser toute poursuite. Et le 11 Juillet suivant, M. De Meur eut la croix, et de ce coup de maître... chanteur la *Petite Dreyfusarde* évita la faillite, ce qui, depuis, a permis à Gérault et à Dejean de faire de nouvelles *bonnes bédites affaires*.

Hein ! ne trouvez-vous pas que comme chantage c'est assez réussi et que décidément ces gens-là avaient bien toutes les qualités d'honneur et de probité nécessaires pour devenir de bons dreyfusards ?

La naissance de la Petite Dreyfusarde — Les canailleries du trio Sembat — Deux types d'administrateurs — La grève de Carmaux — Le passé et le présent

Il ne faudrait pas croire que parce que le présent de la *Petite Dreyfusarde* est ignoble et que ses directeurs, l'un, Gérault Richard, est un maître-chanteur et un souteneur, et que l'autre, Maurice Dejean, est une fripouille, il ne faudrait pas croire que son passé est plus propre.

Ce serait commettre une grosse erreur: Je vais le démontrer.

La *Petite République* fut achetée, il y a tantôt une dizaine d'années, aux Juifs Bloch et Alcan Lévy, par le trio Sembat, Pellier et Turot. Sembat, à cette époque, était le collaborateur du Juif Reinach à la *République française*, en même temps que conseiller municipal opportuniste de Bonnières.

Le programme politique de ce journal était alors bien simple. A. Fournière qui entrait comme collaborateur et dont les opinions antimilitaristes étaient bien connues, Turot disait : « Vous savez Monsieur, qu'ici nous sommes patriotes. Vous avez toute liberté, à la condition que vous n'attaquerez pas l'Armée et que vous laisserez de coté vos opinions internationalistes. »

Que de chemin parcouru depuis !

La *Petite Dreyfusarde* se traîna pendant quelques années tant bien que mal, mais plutôt mal. Sembat et ses deux acolytes crevaient d'ambition, l'opportunisme était encombré et on ne pouvait pas faire son chemin dans le radicalisme. Une voie nouvelle s'offrait à eux. Mais il leur fallait renier tout leur passé et toutes leurs croyances. Ils n'hésitèrent pas, et ils devinrent socialistes.

Millerand, ambitieux comme eux et un peu compromis par son ami Portalis fit une adhésion éclatante à ce parti. On lui offrit la rédaction en chef de la *Petite République*. Il accepta. Les nouveaux amis choisirent un administrateur. On prit M. Flachon, qui était alors à la *Lanterne*. Mais Millerand, qui n'avait pas tardé à perdre toute confiance en Sembat, voulait un administrateur qui fut son homme et et qui le tint au courant des dessous de l'administration. Il choisit M. Roland Furet, qui était chef du service de reportage au Radical. Après beaucoup de difficultés, Sembat ratifia son choix.

Ce Furet, élevé à l'école de Victor Simon, ne tarda pas à trahir Millerand et à se ranger sous la bannière de Sembat. Ce que, pendant que dura l'administration de cet individu, il se commit de canailleries est inimaginable! Les malheureux collaborateurs du journal ne touchaient que très rarement une pièce de cent sous et comme par pitié, semblait-il. Mais en revanche, Sembat, Pellier et Turot menaient la vie joyeuse. Les maîtresses de Turot encombraient la salle de rédaction et le beau Pellier avouait ingénûment à ses malheureux collaborateurs qu'il lui fallait tous les jours un louis pour la petite femme qu'il levait au Moulin-Rouge. Et tous les soirs on pouvait voir, à la brasserie, ces messieurs souper joyeusement pendant que les camarades se serraient le ventre.

Cependant, la situation n'était pas brillante. Les créanciers montraient les dents, et Millerand, sous menace de partir avec ses collaborateurs, mit Sembat en demeure d'arranger les affaires du journal. Celui-ci mit alors le fauteuil d'administrateur aux enchères. Les enchérisseurs ne vinrent pas.

Pourtant un homme se présenta.

Les rédacteurs de la *Petite République* comptaient parmi eux un individu bizarre nommé Intering, mais connu seulement sous le nom de Servanine, sa réputation était louche, on l'accusait couramment d'être un mouchard international.

Il offrit 40,000 fr. On lui donna l'administration du journal.

Cet individu, qui en avait besoin, acquérait ainsi un semblant de position et d'honorabilité. Les 40,000 fr. qu'il apportait était fournis : 20,000 fr. par une femme avec laquelle il vivait, et les 20,000 autres par M. Char   De Meur, dont j'ai raconté la mésaventure avec le maître-chanteur Gérault-Richard.

Servanine, pour les tenir en main, crachat dès le premier jour la forte somme à Sembat, Pellier et Turot. La noce fut complète.

Mais il fallait boucher les trous. Les 40,000 fr. eurent bientôt disparu. Fort heureusement qu'à ce moment la grève éclata à Carmaux. La *Petite Dreyfusarde* recevait les souscriptions et on tapa ferme dans la caisse de la grève. Servanine, qui est une fripouille, mais pas un imbécile, eut soin, pour faire ses emprunts forcés, de se faire couvrir par le trio Sembat. Un beau jour, le pot-aux-roses se découvrit. Les grévistes réclamèrent leur argent. Millerand hurla au voleur pour se mettre à l'abri. C'est alors, ainsi que je l'ai raconté, que Sembat découvrit ce pauvre Sautumier, qui plaqua, sur ce beau trou à la lune, vingt billets de mille, et le scandale fut étouffé.

Servanine, à bout d'expédients et n'ayant plus le sou, était encombrant. On résolut de s'en débarrasser. Pour ce faire, il fallait trouver un autre administrateur ayant de la galette. Sembat, aidé de Dejean et d'un nommé Louis Dubreuilh louche et pustuleux individu sur le compte duquel je reviendrai, s'aboucha avec un nommé Theillard : c'était le pante à dévaliser.

Theillard, qui était déjà propriétaire du *Peuple*, de Lyon, arriva à Paris, accompagné de deux hommes bizarres les nommés Villedary et Bousgard.

Sembat traita avec eux. Servanine ignorait tout. Un beau matin, en arrivant au journal, il se trouva nez à nez avec le nouvel administrateur, flanqué de ses deux acolytes. L'un d'eux était accompagné d'un énorme molosse, et il menaça Servanine, s'il ne décampît pas aussitôt, de le lui lâcher dans les jambes.

La raison du plus fort étant la meilleure, Servanine fila.

Sembat, Pellier et Turot se figuraient que la joyeuse noce allait continuer. Ils oubliaient de compter avec leur homme. Theillard, dirigé en sous main par Dejean qui jouait double jeu, et par Dubreuilh qui était l'ami de Villedary, découvrit toutes les histoires, l'affaire de la grève de Carmaux, les irrégularités commises dans la comptabilité pour masquer les détournements, etc. Il menaça de déposer une plainte au parquet si l'on ne rendait pas l'argent. Au lieu de chanter, il fit chanter. Il fallut s'exécuter, et, en fait d'argent, Sembat, Pellier et Turot donnèrent leurs actions du journal. Ils étaient roulés, et la joyeuse noce était finie.

D'autre part, Theillard montra des éxigences. Il appartenait au groupe guesdiste. Il voulu que Guesde, Chauvin, Zévaès, etc., fussent de la rédaction ; il fallut faire de la place, et Millerand, qui voulait garder sa situation, laissa flanquer à la porte quelques uns de ses plus dévoués collaborateurs. Cela ne devait pas lui profiter.

Moins de six mois après, il était remercié avec ses amis. Les Guesdistes étaient les maîtres du journal, mais pas pour longtemps. Les créanciers, guidés par Dejean qui jouait toujours double jeu, tombèrent sur le malheureux Theillard, qui dut filer à son tour, et Dejean, qui avait, avec Gérault-Richard, trouvé une combinaison, prit la place toute chaude.

Millerand, qui voulait rester son maître et redoutait les malpropretés qui auraient pu l'atteindre, refusa d'entrer dans la nouvelle combinaison et prit la *Lanterne* du Juif Pereire.

Le passé de la *Petite Dreyfusarde* est donc digne de son présent. Sortie des mains d'une fripouille comme Sembat, elle est retombée entre les mains de gredins comme Dejean et Gérault-Richard.

Theillard roulé par Dejean — L'amour des grèves et les amours de Monsieur Degay — L'argent des grévistes — Le traité avec Monte-Carlo
Les six mille francs de M. Weil

J'ai raconté de quelle façon M. Theillard, aidé et conseillé par Dejean, avait roulé la trinité Sembat, Pellier et Turot.

Je vais raconter aujourd'hui de quelle façon Dejean, à son tour a roulé M. Theillard.

Les créanciers de la *Petite Dreyfusarde*, dirigés par Dejean, s'abattirent sur Theillard comme la misère sur les pauvres gens. Obsédé, couvert de papier timbré, n'ayant ni trève ni repos, Theillard se résolut à rendre son tablier. C'était le moment qu'attendait Dejean. Il lui offrit de prendre le journal, avec ses dettes et de lui acheter ses actions ; mais à de certaines conditions. Il fallait, par exemple, que en ce qui concernait la dette du papier Heymann et Geismar, il donnât sa garantie.

Theillard, sans se douter qu'il se faisait rouler, la donna. Dejean lui acheta alors ses actions pour une somme dérisoire : trente six mille francs, je crois, payables par annuités de dix mille francs.

Ceci fait, Dejean et Gérault-Richard entrèrent en possession de la *Petite Dreyfusarde*.

La première année passée, Theillard se présenta à la caisse du journal pour toucher ses dix mille francs. Mais la caisse était fermée pour lui.

Il vit Dejean. L'explication entre les deux hommes fut orageuse. Dejean expliqua à Theillard que, ayant donné sa garantie pour la dette Heymann, il ne pouvait lui donner un sou des trente six mille francs tant que la dette n'était pas éteinte et qu'il les conservait pieusement, à son tour, comme garantie.

Cet imbécile de Theillard s'aperçut alors , mais un peu tard, qu'il était refait, car il ne tenait qu'à Dejean, d'accord avec le juif Heymann de faire durer éternellement la dette.

Il est, d'ailleurs, fort probable que cet accord est intervenu, car le procès qui était pendant devant le tribunal de commerce entre Heymann et la *Petite Dreyfusarde* s'est terminé par un arrangement amiable, qu'avait tout d'abord refusé le juif Heymann.

Theillard en sera donc pour les trente six mille francs, prix de ses actions, et pour les cent cinquante mille francs, dont sa gestion de la *Petite Dreyfusarde* l'a délesté en quelques mois.

Le plaisir, la satisfaction orgueilleuse d'avoir reçu à sa table, à Lyon, Jaurès et Guesde, coûte à cet imbécile la jolie somme de cent quatre vingt-six mille francs.

C'est pour rien, au prix où est le beurre.

On sait l'amour que professe les gens de la *Petite Dreyfusarde* pour les grèves et les grévistes.

Ce que l'on sait moins, c'est ce que cela coûte à ces malheureux. Quelques uns des rédacteurs de la *Petite Dreyfusarde*, à une certaine époque, ont littéralement vécu pendant des mois aux dépens des grèves et des grévistes

Je ne rappellerai que deux épisodes : les grèves ge Trignac et de Graissessac Aux grévistes de Graissessac, le nommé Degay, qui opère aujourd'hui à la *Lanterne*, couta *huit cents francs* ; pendant deux mois il vécut à leurs crochets, et l'argent des souscriptions passait de ses poches dans celles des tenancières de lupanar de Béziers, de Lodève, de Pézenas, etc.

Un beau jour, cependant, ces faits se découvrirent, et, par crainte du scandale et sur une demande formelle de Baudin, la *Petite Dreyfusarde* dut rendre l'argent qu'avait si joyeusement dépensé son collaborateur.

D'ailleurs, M. Degay, a des façons de soutenir les grévistes qui n'appartiennent qu'à lui et à certains de ses camarades.

C'est ainsi que, durant la grève de Carmaux, il enleva la fille d'un cultivateur de Carmaux. Il emmena à Paris la jeune fille et ses écus, et, quand il n'y en eut plus, il la laissa sur le pavé, avec un bébé sur les bras.

Ce n'est que grâce à l'obligeance de M. le docteur Dubois que cette malheureuse dut de ne pas mourir de faim. Il la fit, en effet, entrer, comme lingère, dans un hôpital parisien.

Joli monsieur, n'est-ce pas ?

Gérault-Richard et ses collaborateurs ont une sainte horreur pour l'argent et les maisons de jeu.

A ce propos, Gérault-Richard pourrait-il nous donner quelques explications sur le traité — 8.000 fr par an — qui le lie à Monte-Carlo ? Quelles en sont les principales clauses ? etc.

M. Maurice Dejean pose à l'honnête homme. Lorsque Servanine était administrateur de la *Petite Dreyfusarde*, Dejean, en sa qualité de chef de la publicité, passa un traité pour la publicité des pastilles Poncelet.

Servanine jure ses grands dieux que Dejean a mis l'argent dans sa poche. Est-ce vrai ? Dejean pourrait sans doute nous dire si Servanine a menti !

Et les six mille francs prêtés par ce brave Weil, le patron de la *Sole Frite*, par qui ont-ils été rendus ?

Par personne, probablement.

Weil est un bon imbécile, qui était très fier de voir tous les soirs Turot, Pellier, Gérault-Richard venir manger chez lui à l'œil. Non seulement il leur faisait crédit, mais encore on le tapa pour le canard d'une somme de six mille francs, que le malheureux réduit aux abois, ne put se faire rendre.

L'histoire est presque la même pour un bon bijoutier du boulevard Bonne-Nouvelle, nommé Burnier, qu'on contentait par quelques billets de théâtre ; mais le pauvre ne revit jamais les billets bleus qu'il avait lâchés.

Ah ! ce sont d'honnêtes gens que les Dreyfusards de la *Petite République*, et ils sont bien dignes vraiment de la cause qu'ils défendent !

Un riche passementier — Les 25.000 francs de M. Rodolphe Simon Servanine et ses juges

Au moment où l'administration de Servanine-Intering touchait à sa fin, la caisse de la *Petite Dreyfusarde* était complètement à sec. Dejean, qui depuis déjà longtemps convoitait le fauteuil d'administrateur, se mit en quête de trouver de l'argent. Il alla voir M. Rodolphe Simon, directeur de la *Revue Socialiste* et important négociant en passementeries de la rue Monsigny.

Il lui exposa la situation critique du journal, fit luire à ses yeux quelques avantages sérieux et, finalement, lui offrit le titre de président du conseil d'administration. M. Rodolphe Simon, après plusieurs entrevues avec Milleran et Sembat, accepta, mais à la condition absolue qu'il ne débourserait pas plus de 10.000 fr.

On lui fit, naturellement, toutes les promesses qu'il voulut et il entra en fonctions. Le malheureux ne devait pas tarder à s'en mordre les doigts. Quinze jours ne s'étaient pas écoulés que, déjà, il avait déboursé 25.000 francs.

Un ami, au courant de son affaire, lui ouvrit les yeux et lui démontra par A plus B que, s'il restait en fonctions un mois encore, il y avait de nombreuses chances pour que sa fortune tout entière y passât.

Le soir même, à cinq heures, M. Rodolphe Simon, après un entretien avec Millerand — qui se trouve singulièrement mêlé à tous ces tripotages — résilia ses fonctions et demanda un règlement de comptes.

Régler les comptes était facile à demander, mais beaucoup moins facile à faire.

Il n'y avait pas un sou en caisse. Servanine-Intering était brûlé à fond.

C'est alors que Dejean, aidé de son copain Dubreuilh, dénichait, ainsi que je l'ai dit, M. Theillard.

Dès que ce dernier fut entré en fonctions, M. Simon redemanda un règlement de comptes, et aidé de Dejean, qui mettait des bâtons dans les roues du père

Theillard, il menaça de faire du bruit si on ne le payait pas dans les vingt-quatre heures. « La façon, disait-il, dont on lui avait *refait* ses vingt-cinq mille francs, étant rien moins que propre ».

Theillard dut s'exécuter, il paya avec des billets du vendeur du journal, le juif Bloch, et avalisés par lui, Theillard ; les billets furent escomptés par M. Parason, 17, Faubourg Montmartre.

Les billets escomptés, l'argent entra bien dans la caisse de la *Petite Dreyfusarde*, mais pas dans la poche de M. Simon, qui pour toucher cet argent, dut déposer une plainte chez le commissaire de police du quartier, rue d'Aboukir, contre M. Villedary, administrateur délégué. Alors seulement, devant le scandale imminent, on s'exécuta et le collectiviste négociant en passementeries toucha son argent.

Ce n'est donc que parce que M. Simon avait déposé une plainte qu'il n'a pas été *estampé* de vingt-cinq mille francs. On voit par ce qui précède que même leurs meilleurs amis ne sont pas à l'abri des filouteries des dirigeants de la *Petite Dreyfusarde.*

<hr>

Une bonne histoire — La dette Brianchon — Les meubles de M. Theillard
L'huissier et la belle petite — Une poire — Palaméde de la Bully
La « Lanterne » et la « Petite Dreyfusarde »

Dejean a été le mauvais génie des divers administrateurs qui se sont succédé à la *Petite Dreyfusarde* ; aucun d'eux cependant n'a eu autant à en souffrir que M. Theillard, qui, pendant quelque temps, avait eu en lui une confiance aveugle. Voici un des nombreux tours de coquin qu'il lui a joués.

M. Brianchon, riche marchand de papier, avait fait à la *Petite Dreyfusarde*, en marchandises et en argent, des avances considérables, soixante-dix mille francs environ. Un sieur Bounet, ami intime de Dejean et de Dubreuilh, était, — car à la suite d'histoires plus ou moins malpropres il a été remercié — son représentant.

Lorsque M. Theillard eut pris l'administration du journal, M. Brianchon lui demanda de quelle façon il entendait éteindre, vis-à-vis de lui, les dettes du journal. M. Theillard offrit un arrangement qui allait être accepté, lorsque Bounet, soufflé par Dejean, engagea son patron à demander à M. Theillard sa *garantie personnelle.* Celui-ci, auquel on avait caché tous les trous de la *Petite Dreyfusarde* la donna sans trop se faire prier.

M. Theillard habitait, à ce moment, au coin de la rue Drouot et du Boulevard, à l'hôtel de Russie. Dejean lui représenta que pour un administrateur d'un grand journal comme la *Petite République*, il n'était pas décent d'habiter dans un hôtel aussi bien que celui-là fût. Il l'engagea à prendre un grand appartement en lui disant qu'il se chargeait de lui procurer des meubles à *l'œil.* Theillard suivit ce conseil et arrêta un appartement, 14, boulevard Poissonnière.

Dejean alors passa un traité de publicité avec la maison des Juifs Simon, rue de Rivoli, toucha à la caisse du journal sa commission de trente pour cent et M. Theillard se trouva avoir un appartement magnifiquement meublé.

Mais voici où le tour devient amusant. Sur ces entrefaites une des traites souscrites à Brianchon par Theillard était revenue impayée. Brianchon, tenu au courant par Bounet qui de son côté l'était par Dejean, envoya l'huissier, non pas à la *Petite République*, mais à l'appartement du Boulevard Poissonnière, dans lequel Theillard avait installé une charmante enfant. Hauts cris de la susdite, à la vue de l'huissier ; Theillard, pour éviter la vente, paya, ce qu'en somme, et malgré sa *garantie personnelle*, qui lui avait été en quelque sorte extorquée, il ne devait pas.

On comprend aisément qu'à la suite de plusieurs autres plaisanteries de ce genre, le malheureux Theillard fut heureux, au bout de quelques mois, de passer la main sans songer à rattraper les belles plumes qu'il avait perdues dans l'aventure.

Parmi les extraordinaires administrateurs qu'a eu la *Petite Dreyfusarde,* j'en ai omis un.

C'était bien le garçon le plus phénoménalement extraordinaire qu'il soit possible de trouver. Possesseur de quelques mille livres de rentes, il avait fait la connaissance, étant employé du P. - L. - M., de Turot et de Pellier.

Pellier, qui est un Normand retors, devina dans ce garçon dégingandé, possédé du désir d'être journaliste, une bonne *poire à taper*.

La *poire*, parmi d'autres noms bizarres, s'appelait Palamède de la Bully.

La « poire » était mûre — presque blette ; — elle fut délicatement cueillie par Pellier et Turot. On confia tout d'abord le Courrier des Théâtres à de la Bully; c'était déjà une partie du rêve réalisé. On le nomma bientôt membre du conseil d'administration, et, à quelques temps de là, comme il avait encore quelques billets de mille qui n'étaient pas passés par le creuset de la Petite Dreyfusarde, on le bombarda administrateur délégué.

Ah ! ce fut un beau jour pour de la Bully ; l'administration se faisait sur le palier, la caisse, c'était ses poches. La vie, pendant quelques jours, pour les rédacteurs fut pleine de soleil. Mais, à ce jeu, les quelques billets de mille de la Bully furent bientôt flambés et on le relégua dans un coin de la rédaction. on lui enleva même son Courrier des théâtres. Il en fut réduit à batailler contre les huissiers et les rédacteurs du Peuple français. Ses articles firent faire quelques pintes de bon sang aux camarades du journal.

Au demeurant, le meilleur fils du monde, et encore une des victimes du trio Sembat, Pellier et Turot, car au bout du compte il fut obligé de quitter le journal dans une purée noire. Il s'est, je crois, réfugié en Algérie, où il fait de l'agriculture !

Nous arrêtons là, pour le moment, la nomenclature des méfaits commis par la jolie secte des socialistes dreyfusards.

Mais, il ne faudrait pas croire que ces ignominies et ces trahisons sont les seules à reprocher aux alphonses de la « PETITE REPUGNANTE ».

A l'heure actuelle la même bande règne dans les bureaux louches de la maison Jaurès, 111, rue Réaumur.

C'est Turot, ancien membre de la Jeunesse Royaliste, qui presse sur son cœur le Maurice Charnay qui se maria à l'église ayant pour témoins deux galonnés quelconques.

C'est encore le jésuite Clauzel (abbé Vialard) qui fait les yeux doux à son ancien copain de sacristie, le défroqué Charbonnel, pendant que le mouchard de l'Internationale Albert Richard, trempe sa plume dans le même encrier que l'anarchiste de préfecture Laurent Tailhade.

Ajoutez à cette collection d'êtres véreux qui prétendent faire la pluie et le beau temps sur le socialisme, quelques louches individus, dévaliseurs de syndicats ou des défroqués honteux et vous aurez la rédaction d'un journal qui prétend détenir le monopole de la justice, de la lumière, de la vérité, et surtout de l'honnêteté.

Chaque fois que l'occasion se présentera pour nous, de combattre cette jolie secte, nous irons au combat hardiment, car nous savons pertinemment bien que le socialisme ne sera pur que le jour où il se sera débarassé des microbes qui vivent sur sa peau.

Vive la Révolution Sociale!!

La commission exécutive de la Jeunesse Blanquiste :

A. BIGOT. — C. BIGOT. — DOUCÉ.

GROS fils. — MOUNIER. — PAPE. — ROLLÉS.

Imp. CHINEAU, 64, Rue du Gaz. — Paris

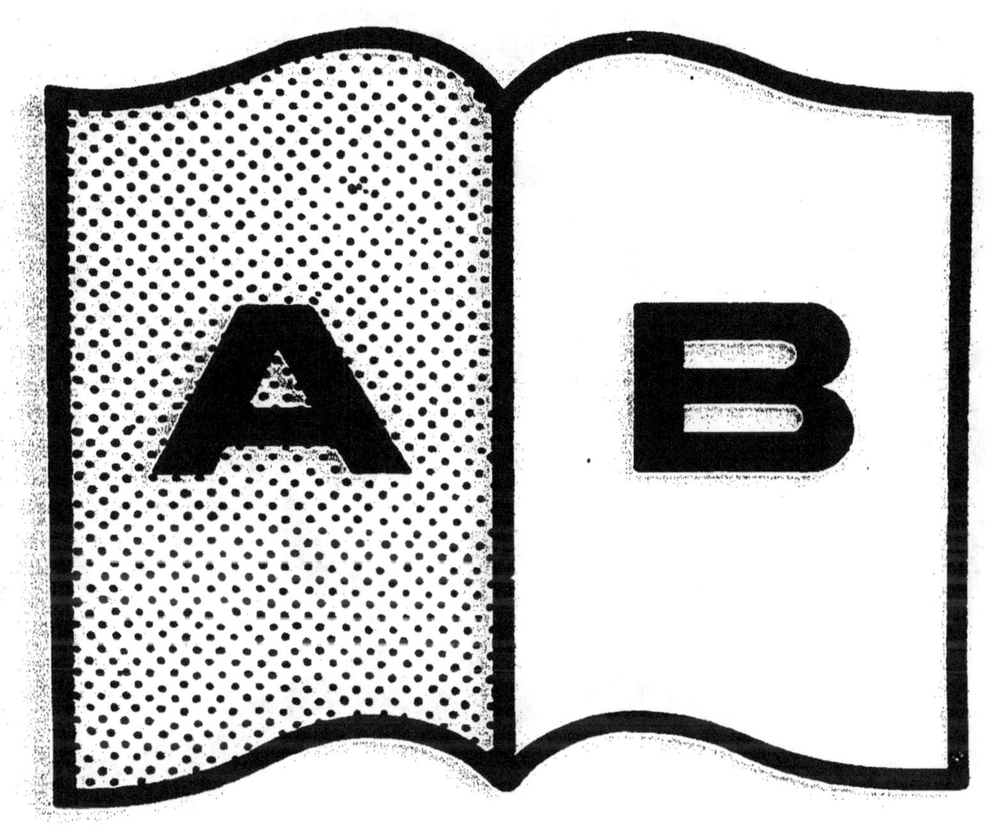

Contraste insuffisant

NF Z 43-120-14

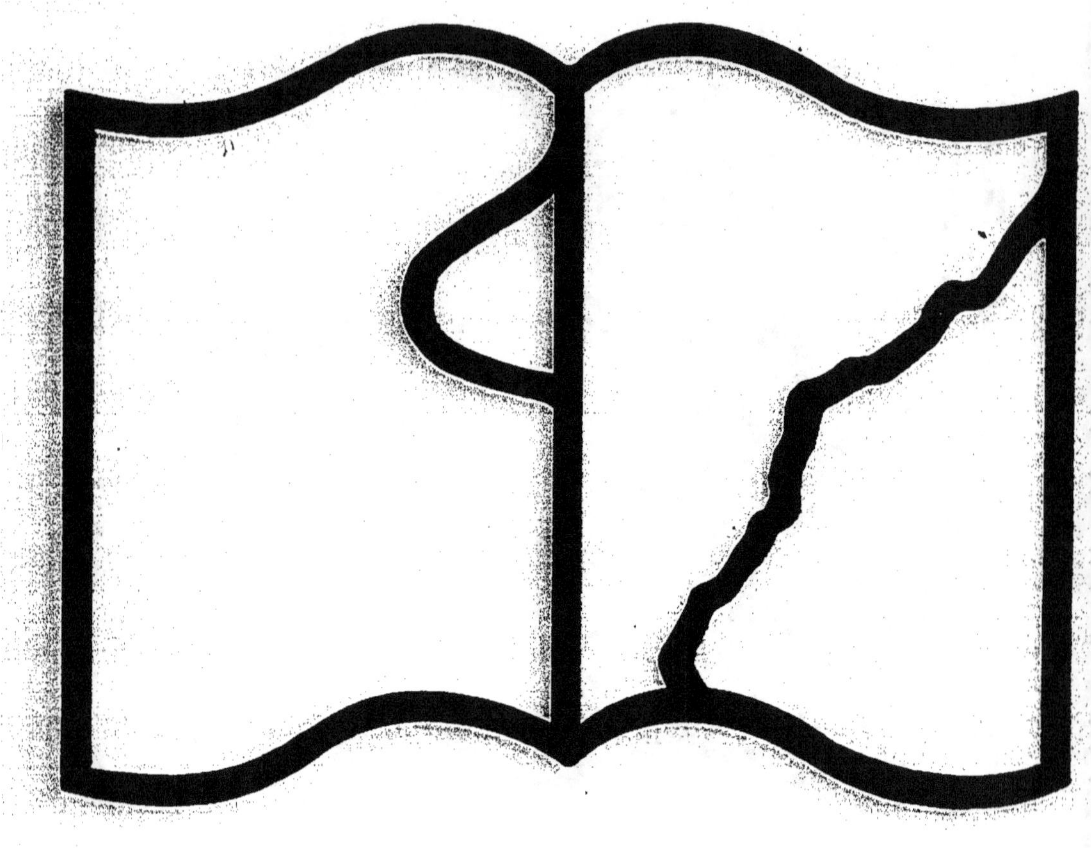

Texte détérioré — reliure défectueuse

NF Z 43-120-11